EL DIARIO DE TERESA DI SCLAFANI

TERESA DI SCLAFANI DE NASCA

editorial
TecnoTur

¿Hay un libro dentro de ti?

El diario de Teresa Di Sclafani

Publicado por Editorial TecnoTur

Edición: Saray De Andrade y Allan Tépper

Maquetación: Allan Tépper

Portadas, lomo y contraportada: Andreína Ascanio Toro

ISBN de la versión impresa de tapa blanda:

979-8-9905171-8-9

ISBN de la versión electrónica (*ebook*):

979-8-9905171-9-6

DEDICATORIA

En honor a mi marido muerto hace 15 años, el 8 de octubre del 2008, a mis hijos y mis nietos.

ÍNDICE

1

MI INFANCIA Y MI FAMILIA

Nací el 16 de febrero de 1940 en Alia, ciudad Giardino di Palermo, Italia. Soy hija de Vincenzo Di Sclafani y Giuseppina Blanda. Mi padre y mi madre se casaron en 1931. En ese momento mi papá tenía 24 años y mi mamá 18 años.

Mis abuelos eran:

- Lucio Orfanello, abuelo materno.
- Agada De Orfanello, abuela materna.
- Gaetano Di Sclafani, abuelo paterno.
- Rosalía Lopresti, abuela paterna.

Mis padres tuvieron 7 hijos y yo era la tercera de mis hermanos. De pequeña fui muy inteligente. Lo heredé de mi papá.

Cuando yo tenía 2 años, mi papá se fue a la guerra y regresó cuando yo tenía 3 años. Me trajo una muñeca que tenía paja en la barriga. En la casa donde vivíamos teníamos arriba un comedor con una mesa redonda y yo daba vueltas a la mesa con mi muñeca.

Mis abuelos de parte de mi madre vivían en frente. Había que pasar la esquina para ir al lado, donde había un estacionamiento de la tía Nucasa. Mi mamá estaba enferma, tenía malaria y estaba acostada arriba de mi abuela. En aquel tiempo había mucha enfermedad.

Como era tiempo de guerra, los ricos de Palermo se venían al pueblo que era más seguro. Uno de ellos era la señora Pierina, que se vino con toda su familia. Las bombas sonaban arriba de las casas y nosotros nos escondíamos donde comía la mula de mi abuelo. Las casas de aquel tiempo tenían las paredes de un metro de ancho, las puertas y las ventanas con barras grandes y gruesas, pues había que cuidarse de la mafia.

En el año 1945 termina la guerra y los soldados estadounidenses se quedaron en Palermo, pues habían enviado a la guerra a hijos y nietos. Hubo fiesta con música, canto, comida. La playa en Mondello era la mejor playa. Los soldados desfilaban en los pueblos y nosotros en las vías nacionales les decíamos «aló aló» y nos daban caramelos y chocolates en camiones verdes.

Cuando terminó la guerra, la Señora Pierina se fue a Palermo y los nietos pusieron una carpintería. Eran los nietos de la tía Nucasa. Giuseppe era serio, buen mozo, chiquito y alegre. Yo iba con mi muñeca y me hacía la cama para ella, otro día la silla o la mesa. Siempre me complacía, pero antes tenía que darle besos y abrazos. Yo era la niña más querida de la vecindad y todos me abrazaban y me besaban.

Había un solo médico, el Doctor Gucciones de Palermo. Él y su esposa no tenían hijos y eran gente muy rica. Cuando yo pasaba, la esposa me decía que subiera y me daba dulces.

Frente a la casa de mi papá vivía el tío Pino, que nació en esa casa. Había 10 cuadros donde jugábamos, 5 de un lado y 5 del otro lado, y había que brincar sin caerse. Jugábamos a la política, un grupo era de la monarquía y otro democrático. Yo siempre fui democrática: ninguno de mi familia era de política diferente y tampoco mi marido.

También había los juegos del tío Masi, de tira y afloja que había que hacer con hilo grueso. Cuatro puntas de arriba en la boca, del lado los brazos y abajo otra muchacha.

Terminada la guerra entró Mussolini, un socialista camiseta negra. Había que ir a la plaza para cantar y hacer ejercicio y a los niños de su partido los llamaron *Balilla*. Mussolini terminó con la Mafia o hizo que se escondieran y envió al Rey al exilio. Él modificó toda Italia, pero puso a mandar a los ricos y los pueblos los tenía atrasados. En los pueblos no había agua, cañerías ni luz por muchos años.

Mi papá hizo cañerías que iban debajo de un puente. En ese tiempo había cántaros, como se llamaba antes. Eran muy altos y las mujeres se los ponían en la cabeza, para luego botarlos muy lejos. Había un chorro de agua cerca del puente y mi papá iba al bebedero con dos mulas y traía agua para beber y cocinar. Para limpiar y lavar, había un pozo.

Mi mamá era una mujer muy casera, que ni se asomaba afuera a llamar a los vendedores. Mi papá les compraba todo a término y así no tenía necesidad de moverse. Cuando yo crecí, me mandaba a pagar los impuestos con mi abuela y nos íbamos a las 2 de la madrugada. Llegábamos al sitio, que era una casa de familia, y nos acostábamos, ya que había que esperar la mañana.

Había unos médicos que venían todos los miércoles y dos parteras graduadas. Los médicos eran el Doctor Scialaba, el Doctor Cartabillota y el Doctor Barcellona. El Doctor Cartabillotta era alegre y servicial. Tenía cuatro hermanos, todos altos. Cuando se graduó, tenía una novia cerca de la casa. Ellos se besaban y nosotros los corríamos. Él iba a las casas de los pacientes, pero duró poco pues se hizo odontólogo y le iba muy bien. Lamentablemente se murió jóven y dejó dos hijos, un médico y un ingeniero.

Antes los barberos sacaban las muelas y cortaban el pelo y se pagaba todo con grano. A fin de año a las mujeres les cortaban el pelo.

Mi bisabuelo estudiaba para hacerse cura, pero no sé por qué dejó de estudiar. Trabajó 40 años en el correo, donde hacía de banco, telegrama y de correo. Mi mamá me decía que el abuelo les decía:

«Vayan a la misa y no entren en la sacristía».

Tenía cuatro hembras y dos varones, uno de los cuales murió. Les llevaba enseguida la misma noche los telegramas a las familias y decía que lo estaban esperando. Eran tiempos de guerra. Murió antes de que yo caminara y dejó un nombre a mi abuelo.

Su papá se fue a Nueva York en 1906 y las peticiones en aquel tiempo las hicieron en septiembre de 1903. Se fue en un barco lleno de los pueblos de alrededor y tenemos un cuadro con todos los nombres y el manifiesto. Dejó cuatro hijos pero uno murió. Era muy querido.

Mi abuela se quedó con una hembra y 6 barones. Mi abuela retiró a sus hijos de la escuela, incluyendo a mi papá, que había empezado tercer grado pero no pudo continuar. Mi abuela casó a todos los hijos, bien casados y con mucha fiesta. Ella era una mujer muy valiente y me le parezco.

Con el tiempo todos los hijos se casaron y formamos una familia de 32 primos casados. Éramos 64 personas y para hacer una fiesta no se necesitaban invitados. Todos los años eran fiestas, 31 y carnavales. Comíamos siempre todos juntos y papá supo mantener a toda la familia unida.

Cuando estábamos en casa de mi abuela, se cocinaba pasta y salsa y comíamos donde se amasaba el pan. Lamentablemente murió el 8 de agosto de 1953, cuando yo tenía 13 años. Le subía la presión y le dieron muchas parálisis, pero en aquel tiempo la única cura era sacarles sangre.

Mi abuelo Damaniano Blanda nació en 1880 y murió en 1964. La noche que murió soñé con él. Mi abuela era una mujer muy elegante y en aquel tiempo usaba guantes, paltó levita y taconcito pequeño. Ella nació en 1890 y murió en 1972, pero la vi en 1971.

MI ESCUELA

La escuela era hasta quinto grado y había que ir para la secundaria en Lercara. No había vehículos y había que buscar residencia allá. Yo era muy pequeña y mi papá no me habría enviado. En el pueblo hicieron una escuela muy moderna hasta sexto grado, con comedor.

Yo a los 6 años fui a la escuela. Tenía una maestra muy bonita que venía de Palermo y se pintaba. Yo la iba a buscar y dejar y ella me daba un cuadro con un crucifijo para ponerlo en la escuela. En tercer grado, me dijo que no sabía si regresaba y me puse a llorar. Dije:

«No quiero el cuadro, quiero que regrese».

Ella regresó hasta quinto grado.

Terminada la guerra, salió un comunicado para hacer un tema sobre las reconstrucciones italianas. Lo hice, pero me fui con mi tío Pino y le pedí modificarlo. Antes tenía que darle abrazos y besos y después me dijo que estaba bien, que si él los hacía me lo iba a rechazar. Me enviaron un paquete de chocolate.

La escuela en aquel tiempo era fuerte. En primer grado nos daban suma, resta y divisiones y en primer grado yo era la mejor en matemáticas e historia. Recuerdo *Mi muñeca rota*, *Historia de un pedazo de pan* e *Historia de un árbol*, que los hacía ver en todas las aulas.

Hoy hay un autobús que va a Lercara y los esperan hasta que regresen, un autobús bien mantenido de la Segunda Guerra Mundial, que camina a paso de Morrocoy.

LAS SECUELAS DE LA GUERRA
MI ABUELO

Los sicilianos viajaron a Nueva York 1906. No sabían comer ni hablar. Tenían que ahorrar y, trabajando pico y pala, pudieron comprar casa, tierra y ganado. Lamentablemente los llamaron para la Primera Guerra Mundial en 1915 hasta 1918. En 1917 murió en Padua un primo. Hace dos años fui a Padua; un general nos llevó donde combatía, donde cayó y dónde estaba sepultado. Un primo de mi abuelo regresó sin pierna de la guerra. Mi papá me los hizo conocer y esos son los recuerdos que tenemos.

El último en morirse fue mi tío Gaetano, quien fue a la guerra por siete años y murió con 93 años. Cuando regresó, pasó por casa de mi abuela materna y me llevó cargada hasta arriba del llano donde vivía mi abuela Lilla, hasta donde vivía mi mamá. Cuando los vieron los vecinos le decían:

«Bájala, es muy pesada»,

y llamaron a mi abuela. Recuerdo que salió, se arrodilló y le besó la tierra. Mi abuela Lila vivió hasta los 93 años.

Luego llegó mi tío Salvatore que hizo 5 años de guerra. Los alemanes lo hicieron prisionero y lo iban a matar. Los alemanes fueron muy malos, pues hicieron la Primera y la Segunda Guerra Mundial. Eran verdaderos asesinos. Afortunadamente llegó una contraorden y lo soltaron en ese sótano. Allí se enfermó de reumatismo y nunca se le curó. Él era el marido de la hermana de mi mamá, mi tía María. Recuerdo que se llevaban toda la noche a mi hermana Lina, pero ella no quería ir y lloraba.

El último que llegó fue mi tío, hermano de mi mamá. Tantas veces le decían a mi abuela que llegaba, viajábamos 3 kilómetros a esperarlo y no llegaba. Al fin, después de 7 años, llegó. Era *Bersaglieri* y tenía una foto con su sombrero con muchas plumas. Él se vino como todos, sin ropa y sin zapatos, pues así quedaron los italianos en la guerra. Trajo dos rollos de tela que usó para casarse y un brazalete para la novia. Recuerdo que iniciaron el noviazgo con muchas flores y fiesta y se casaron al poco tiempo. Me sentaron al frente de ellos porque mi tío era mi padrino de bautizo.

Eran tiempos muy tristes. Hoy nadie quiere guerra, pues es desastre económico y muerte.

4

MI JUVENTUD

En mi tiempo no había estudio, pero a los jóvenes se les enviaba a prepararse. Yo fui a aprender a bordar de mi hermana Lina. Era la mejor modista de alta costura. Algunos sabían bordar a máquina y hoy los jóvenes quieren solamente estudiar.

En el año 50, mi mamá puso el telar para tela y después yo en primavera la acompañé a blanquearla. Se les echaba agua cada rato y se bordaban, haciendo toallas, sábanas y cubrecamas. Se los dividió a los siete hijos. Mi papá leía a la luz de las velas. Cada libro que leía, lo repetía de la primera página hasta la última. Era muy inteligente. En mi familia yo salí como él.

Yo tenía muchos admiradores en aquel tiempo. Un muchacho pasaba y después se quedaba en la esquina y decía que yo era la más bonita del pueblo. Junto con mi abuelo de parte de mi mamá, salíamos para un terreno que tenía cerca, a recoger rosas y yerbabuena. Había tierra donde vivía un muchacho que pasaba a caballo y se bajaba a saludar a mi abuelo, que decía:

«Cuando estoy solo no me saluda».

Mi abuelo fue mi amigo y muchas veces nos sentamos en el balcón a hablar. Me dio muchos consejos y me decía que ese muchacho no servía y que yo era muy pequeña. Un recuerdo que me quedó de mi abuelo: él estaba sentado en un escalón llorando el día que me casé, pues había perdido a la nieta y amiga.

5

MI MARIDO, SALVATORE

Mi marido se llamaba Salvatore Nasca Orfanello y era primo de mi mamá. Me hice novia de él en 1958, cuando yo tenía 18 años, y no fue nada fácil. Yo tenía dos hermanas mayores, una de 22 años y otra de 20 años. Salvatore había salido para Venezuela en 1951 y su papá había salido en el 50.

Él trabajó duro e hizo todo tipo de trabajo en el pueblo, principalmente hierro con la forja. En aquel tiempo todo se hacía a hierro batido. Recuerdo que hizo la reja en la iglesia de Santa Ana y que hacía los hierros de mula y caballo. No había nada que no sabía hacer bien. Eso de echar a las mulas y los caballos en el piso. Era una técnica en la que trabajó mucho. Al llegar a Venezuela trabajó con construcción y con mecánica. Un señor les dio trabajo de mecánica y trabajaba 18 horas al día.

Se retiró ganando algo y se compró una camioneta, con la que se fue a Caracas, comprando galletas y caramelos. En aquel tiempo un negocio les compraba un paquete de caramelos, pero luego no había venta. Después se compró un camioncito 350 que pagó en 6 meses. Iba a todas partes, hasta el Pico El Águila en el estado Mérida. En el año 54 se fue a correr con un carro Studebaker modificado.

Poco a poco fue comprando 13 camionetas y tenía 13 vendedoress. Iba a Caracas a comprar la mercancía al mayor. La caída del General Pérez Jiménez en el 58 fue muy grave. Los europeos se fueron, la gente le quedaba debiendo y había menos poder adquisitivo. Fue perdiendo mucha plata. Había trabajado mucho y sufría de nervios, tanto que no podía comer. Un primo lo llevó a Caracas a un médico, donde habló mucho hasta que no pudo más e hizo un gesto de cansancio. El médico le dijo:

«Ya sé lo que tiene que hacer: un viaje».

Su papá le pagó el pasaje por 3 meses y se fue a Italia. Llegó a casa de mi abuela, hermana de la madre, y mi abuela invitó a todos los hijos que muchos no éramos. Una no tenía hijos, otra tenía tres y estaba lejos, mi tío tenía dos varones y mi mamá tenía siete. Mientras comía, él se acordaba de mí y yo de él. Me acuerdo que mi papá siempre hablaba de él. Cuando murió mi tía y madrina, cuándo yo cumplí 11 años, Salvatore llevó la urna por toda la vía hasta el cementerio.

Salió de viaje con un primo y viajaron por toda Europa. Hasta un cantante alemán se unió a ellos y unos paisanos que estaban en Milán. Se olvidó de todo, él tenía ese carácter. Un amigo los llamó diciendo que les iba a llegar la boleta militar obligatoria y vino a hablar con mi papá. Mi abuelo se negó. Yo les dije que lo quería y mi papá le dijo que viniera en la noche. Le quedaban tres días.

Teníamos la mesa redonda abajo y la tercera noche les dijo que no me había mirado a la cara. Mi papá se rió. Estando en el herrero conoció a un señor de Palermo que venía de cacería. Le gustaba ir de cacería pero lo que mataba lo recogían los demás. A ese señor les dijo que los iba a confirmar.

Al día siguiente fuimos a Palermo, con toda mi familia y primos. Él me quería besar pero yo no sabía y me dijo que no sabía qué pensar de mí. Lloré, me secó las lágrimas y me quedé con el pañuelo. En el viaje siguiente me escribió una carta que conservé. Las cartas tardaban mucho tiempo en llegar y después las hacía certificadas.

Me propuso casarnos por civil para poderme hacer el pasaporte. Fuimos con mi mamá al Concejo y mi mamá se quedó afuera. Me atendió el procurador y me preguntó:

«Jovencita, ¿sabe lo que está haciendo?».

Le pregunté por qué y él me dijo si yo me casaba por civil, él me hacía casar por la sacristía. Le escribí a Salvatore y me respondió que nos casábamos por poder. A mi papá no le gustó esa propuesta y menos a mi abuelo, porque dijo:

«¿Qué pasa si no viene?».

Escribió el papá, que garantizaba que venía. Mi abuelo repetía:

«¿Qué pasa si no viene?»,

y yo le respondí:

«Me voy».

En aquel tiempo el matrimonio por la Iglesia era junto con el civil. Envió el poder a mi papá y me casé el 22 de agosto de 1959. Toda la familia de mi mamá lo sabía, pues se la pasaban todos los días en la casa. La familia de mi papá no lo sabía. El párroco lo publicó pero no lo entendió.

Escribió una carta diciendo que venía el 22 y no llegó. La tía Marieta me decía que el avión se había quedado en algún lado. Llegó el 26, se había quedado en Milán para hacer varios vestidos. Cuando llegó, mis hermanos vinieron a decírselo. Yo quedé sin hablar. No salí. Estaba enferma de los nervios. Llegó y no pude hablar.

Al día siguiente fuimos a Palermo para comprar todo. Tuvieron que regresar al pueblo para ver dónde se podía hacer la fiesta y se hizo en casa de mi papá, pues tenía una casa grande. Mi papá les decía a la señora Nuncia que estaba pendiente por mí y la señora les decía que dormía con los hijos.

Al fin llegó el día de la fiesta de matrimonio, el 7 de noviembre. El padre Gibino dijo en la predica que la Iglesia había colaborado con nosotros, pero nadie lo entendió. Después de la fiesta, mi marido me agarró y me llevó por la vía nacional. Mi papá cuando no me vio, vino y dijo:

«Me robaste a mi hija».

Llegamos a Palermo a un hotel 5 estrellas, yo estaba vestida de novia. Salimos de viaje y regresamos el 21. Antes de regresar, me llevó a Palermo al médico y dijo que antes de los tres meses salía embarazada.

Salimos el 22 a Palermo, con toda mi familia, tíos y primos. Cuando el padrino que lo había confirmado vió la llorona que se iba a formar, me agarró casi cargada y me subió en el piróscafo. Él subió del otro lado y llegamos a Nápoles, para luego comenzar el viaje a Venezuela.

6

EMIGRANDO A VENEZUELA

Salimos con la nave Venezuela el 22 de noviembre de 1959. Fue un viaje muy difícil para mí ya que me mareaba. Había una rocola donde mi marido ponía 100 liras y ponía la canción «La Malagueña» y otras canciones que siempre mandó a cantar.

Pasamos por Tenerife y era muy bonito. Me dijo que me compraría una muñeca grande, pero no se acordó. Me compró un chal. Luego pasamos por Puerto Príncipe y subió mucha gente que olía a salvajes, vestida de rosado, azul y blanco. Yo me escondía, pues tenía miedo y me sentía muy mal. Él se ponía a jugar con dos niños y le gustaba jugar con ellos. Yo me quedaba abajo, llorando. Él vivía mortificado.

Tenía miedo, no me gustaba ni arriba ni abajo. A veces me acostaba abajo con él. Había una señora a la que él le decía que estaba embarazada y la señora le dijo que era malo que me bañara todos los días y me dijo que hasta que llegara a Venezuela que no me bañara.

El 7 de diciembre llegamos al puerto La Guaira y vino la familia a buscarnos. Yo me sentía muy mal, recordaba a mi familia y lloraba.

En Barquisimeto, Venezuela conseguí una verdadera familia: Mi papá José Ángel Briceño y su esposa María Luz, quienes me dieron muchos consejos. Al cabo de pocos años perdí a mi papá Briceño, el 4 de abril de 1975. A mi papá Motta el 8 de agosto del 77. A mi papá el 24 de diciembre del 79. A mi mamá Luz en 1980 y a mi mamá Modesta, que estaba al lado de la quinta, en 1985.

7

NACEN MIS HIJOS,
ANTONIO Y VINCENZO

Salí embarazada y mi hijo Antonio nació el 15 de septiembre de 1960 y pesó 5,4 kg. Cuando nació yo pensaba en mi familia. Tuve un aborto a los 23 años. Era una niña. Era el día de San José y lloré mucho. Quedé muy mal.

Me operé a los 23 años de apendicitis. El médico al día siguiente me dijo que la última palabra que dije fue que el Doctor José Gregorio Hernández me ayudaría. Les dije que era devota del Doctor y él me dijo que tenía una pequeña clínica con ese nombre.

Luego de eso, no podía salir embarazada y me daba un malestar muy grande, desde las 9 de la noche hasta las 5 de la mañana, pero podía trabajar sin problema. El Dr Martín Ibarra me atendía en aquel momento y me hacía todos los análisis. Me decía que estábamos bien. Un día me dice:

«Dígale a Salvatore que hay un centro de espiritistas».

Él era masón y su religión era espiritismo. Me atendía un amigo de mi marido de la misma edad. Vino a abrir la puerta y mi marido le preguntó:

«¿Tú crees en esto?»

y le respondió:

«Antes no creía, pero ahora creo».

Me atendió él por ser conocido por ser conocido de mi marido, Salvatore. Salvatore entró conmigo y le preguntó si me había hecho los análisis y le respondió que todo estaba bien. Él se transformó en un médico de centenares de años y dijo cuando se sienta en el sillón, se ve.

Mi marido no me quiso llevar, así que fui con mi suegro y mi cuñada. Yo no estaba trabajando. Había un niño al que trataba de incorporarse un espíritu y no podía. Allí se incorporó un niño y se puso a hablar con el niño en una lengua extraña. Total no fui más.

Una madrugada, a las 4 de la mañana, mi marido me dice:

«Voy a salir a buscar a Ismael para salir de viaje».

Yo me acosté en la parte de abajo y el Dr. José Gregorio Hernández me acompañó a dormir. Cuándo llegó mi marido, le dije y me respondió qué yo lo había soñado. Salí embarazada de mi otro hijo y mi marido salió de viaje el 27, el día que cumplía 9 meses de embarazo. Mi hijo Vincenzo nació el 31 de agosto y pesó 6 kg. Fue un parto muy malo, con demasiado sufrimiento. Cuando nació, no lloró, pero le dieron una nalgada y lloró.

Cuando Enzo tenía un año, le dio una fiebre muy fuerte y a medianoche se murió. Imploré al Dr. José Gregorio Hernández con mucho valor. Yo tenía 27 años y un niño muerto en los brazos. A las 12:30 revivió y fuimos a la Clínica Calicanto. Tenía fiebre de 43 grados, por lo que lo pusieron en una bañera de hielo y agua. Al día siguiente tenía llagas en la boca.

Mi hijo estudiaba en el Colegio San Pedro. Cuándo llegaba estaba María, que trabajó conmigo 4 años y después se fue a aprender a coser. Antes me levantaba a las 4 de la mañana para hacer la comida. Con ella no tenía problema, pues ella hacía la comida, lavaba, planchaba y limpiaba. Ella estudiaba en la cuadra, en el colegio Paul. El sábado venían sus dos hermanas y su papá y se iban.

8

NUESTRO TRABAJO

En 1968 mi marido ganó una licitación con Vencemos, empresa productora de cemento en Venezuela. El niño tenía 4 años y el mayor 10. Mi marido no me quería llevar, porque decía que no estaba acostumbrada. Como siempre llevaba una tarjeta en el bolsillo, llamé a una señora que tenía un hotel y restaurante y me ayudó a alquilar la casa. Llamé al chofer, Domingo Mujica, y le dije que pasara. Cargó lo poco que tenía en el cuarto: la cama, la cuna, la máquina de coser (porque estaba cosiendo por mucho tiempo).

Mi marido no quería y se puso a gritar que no me llevaba, pero yo insistí en que no me quedaba. Salimos temprano y a medianoche me dijo que iba a Vencemos a ver si había carro. Me quedé afuera, tenía miedo.

Había una mata de mango que daba miedo y los choferes entraban y salían como perro por su casa.

Estábamos privados hasta de comer. Le dije a un chofer, Felipe Espinosa, que me llevara a comprar tela para hacer las cortinas. Fuimos enseguida. Hice las cortinas y se las puse. No pasé de unos días y mi marido tuvo que salir a Puerto La Cruz para hacer un trabajo en el Hato La Vergareña, cerca de Brasil. Me quedé sola con el trabajo de cemento blanco y gris hasta Caracas, el yeso de Puerto La Cruz y clínker de Maracaibo. Yo tenía miedo y cuando nos acostábamos en la oficina, yo ponía el archivo y el escritorio detrás de la puerta.

Trabajábamos con afiliados. Nosotros fuimos comprando carros y pagando muchos intereses y me ayudaba con los afiliados. El 5% que cobraba era bastante plata en aquel tiempo, como US$3.500 al mes.

El trabajo que hacíamos era muy barato. Un día de Caracas enviaron 5 bolívares de aumento, pero el Dr. Useche se las dio de vivo y nos dio 2. Mi marido me lo dijo y un día le dije al chofer de la camioneta:

«Leo, vamos a Vencemos».

Me vestí bien y me encontré al Señor Cameo, administrador de la planta y un amigo sincero. Le pregunté dónde estaba el Dr. Useche y me llevó hasta la puerta. Tenía una avioneta de ocho puestos y un carro de carrera. No me senté. Le dije que era un ladrón, un hombre sin escrúpulos, con el porcentaje que ganaba con las tres plantas podía robar lo suficiente, que viera las películas de combate para ver cómo llegaban los choferes rotos, cansados. Los militares llegaron desnudos y sin zapatos e igual los choferes.

Les pagábamos el 18%, el domingo promediado y 60 días de prestaciones. Eugenio Mendoza también es un ladrón. Mi marido me dijo que Cameo me vio en Vencemos y le dije que no me respondió y que el trabajo era demasiado barato. Tampoco pudo controlar todas las empresas que tenían y a ellos les robaban los trabajadores. La única que les quedaba era Vencemos y les vino un infarto mortal. Mi papá estaba muy enfermo de cáncer en los pulmones. Mi pensamiento fue que si Eugenio Mendoza se había muerto, mi papá con más razón se podía morir.

Después de 25 largos años con el transporte, se había cerrado la planta en la venta de camiones. Tenía en la libreta del banco 223 mil bolívares. Conseguimos un terreno en toda la avenida de la Zona Industrial de 7.500 metros. Pedimos un préstamo de 200 mil al banco y lo compramos por 415 mil bolívares. Me quedaron 8 mil. Cuando fui a ver a mi papá la última vez, compré el pasaje.

El dueño era un romano e hicimos giros para pagarlos cada 3 meses. Lo devolvió para quitarle unas construcciones al terreno y solamente hizo el piso, los galpones, cuatro oficinas y un apartamento abajo. Se hicieron cuatro locales con la venta de camiones y préstamos al banco y todos felicitaban a mi marido por el volado que hizo, de 8 metros de profundidad y 60 de largo. Toda la gente que pasaba, lo miraba.

Un día fuimos a pasar el día con la Cámara de Transporte y estaban varios transportistas. El señor Perucho Saldivia sabía que mi papá estaba muy mal y nos trajo una torta por 19 años de matrimonio. Mi marido había comprado dos ovejos, otro trajo vino y *whisky*. El señor Rincón hablaba conmigo y decía:

«Si no la gana, la empata».

El señor Manrique les decía:

«La señora Nasca sabe de transporte más que nosotros».

Todas las noches me ponía a hacer relaciones de trabajo. El vecino de al lado, el señor Mustafá que tenía un negocio en la esquina, me decía:

«Vecina, toda la noche esa máquina tic tic».

La contabilidad también salía de esa máquina, que

tenía 6 meses menos que yo, del 16 de julio de 1941. Con el transporte se pagaban muchos impuestos.

En un momento de esos años, no estábamos trabajando debido al sindicato nacional y vino un muchacho a pedirme trabajo. Le dije que no estábamos trabajando y me insistió. Le dije que tenía arriba el lavado y se puso a lavar, pero él nunca había trabajado. Apuntó la manguera a la electricidad y se electrocutó. Yo estaba viendo y de repente lo vi acostado. Me le acerqué. Vi que la manguera le echaba agua encima y se la quité. La electricidad le entró por las manos y le salió por los testículos. Corrí para la panadería y el portugués salió corriendo. Fui a la farmacia y vino el farmaceuta conmigo. Luego vino la ambulancia y se llevó el transporte.

Vino la madre y yo me quedé que no podía hablar. Sólo me salían sollozos. El farmaceuta me decía:

«Tengo miedo por usted».

Eso era verdad. Yo estaba muy grave. En ese momento vino mi hijo Enzo. Fuimos al abogado, un amigo, Esteban Duarte. Le pregunté qué problema teníamos y me dijo que esperara, que en ese momento lo grave era la noche. Vino mi marido que estaba en Caracas y yo fui a casa de la familia. Yo tenía miedo. No quería ir, pero me dijo que tenía que dar la cara. Pues el papá vino al encuentro, abrazándolo y diciendo:

«Dios los llamó. Los necesita».

Dijo que los gastos eran por nosotros. Eran 15 mil bolívares que no teníamos. El domingo fuimos a casa de mi cuñado. Se lo dijimos y me dio el cheque: que se lo pagamos después de 2 años. Tenía un hermano morocho que era negro como él y cada vez que lo veía, me subía la sangre.

Con el transporte me desgasté los pies. Estuve 25 años con el transporte y 27 manejando el negocio con repuestos de gandola, me desgasté la espalda y la rodilla. Las rodillas me las operé en el 2012 y 2013, prótesis completa, y la espalda también con prótesis completa.

9

LOS MASONES

Un día mi papá Briceño le dice a mi marido:

«Lee este billete».

Él me lo pasó a mí y le dijo que él servía para ser masón. Era San Martín de Porres.

Ahí conocimos al Doctor Motta, patólogo del hospital y profesor del último año de medicina. Hijo de ricos, su mamá se había muerto cuando tenía 3 años y su papá era ingeniero civil. Compró un teatro porque le gustó la bailarina. El papá le dijo que estudiara ingeniería y él le respondió: «Estudiaré medicina».

Cuando se graduó, le insistió que estudiara ingeniería, pero no le respondió. Salió para Venezuela casado con una hija y una barriga. Se había casado con la señora

Ucha, de Trieste. No era católica y se hizo católica para casarse con él.

El papá tenía una armada que el gobierno le expropió en tiempo de guerra. Después cuando la recuperaron, ella y el hermano la vendieron y ella se compró un brillante muy grande. Motta nunca habló del caripito. La señora Ucha decía que la gente masticaba chimó y fumaba tabaco. Vivía en una pieza y sufría del corazón y nunca le pregunté cómo llegaron a Barquisimeto.

Tenían un carro muy viejo y un domingo un vendedor gerente de Fiat vino a la casa. Mi marido los llamó y les compró el carrito de contado porque le gustó. Consuelo estudió en México y tuvo dos niños, un varón y una hembra. El niño lo dejó y la niña se la trajo. Cristina estudió antropología e hizo posgrado en Francia. Cristina tenía tres varones. Estuvo casada con un argentino, fanático de Pinochet y se divorciaron. Tengo de recuerdo de ella una bombonera que me trajo.

Al cabo de dieciséis años, a mi marido lo hicieron Grado 33 de los masones. Iba a Caracas y me llevaba a los banquetes, a los que iba muy elegante. El señor Camin Plana, masón y gran amigo, estaba orgulloso de ser de Cataluña y siempre me regalaba un ramo de flores. Había en San Martín un anciano de 85 años que me hacía un discurso.

En 1974 salió Carlos Andrés Pérez del poder. Los masones tenían la disposición de pasar a mi marido de coronel a general. Para autorizar a mi marido, había que estudiarlo. Fue un sábado y llegué a la casa con mi hijo Enzo, que tenía 8 años, con su braga y dijo que este niño tenía un buen futuro. Cuando lo hicieron general, le envió a mi marido una tarjeta especial.

En una Semana Santa teníamos que ir a la piscina. Me compré un traje de baño, unos lentes y un vestido, todo de lujo, pero no fuimos a la piscina sino que fuimos a la fiesta. Él dirigió la fiesta con su sombrero en la entrada. Mi marido ocupó su puesto con los masones y yo me senté con la hija de Camin Plana. Era un año menor que yo y era pediatra. Me emborracharon con champaña Don Perignon. Su marido, pediatra también, estaba cansado, pero ella le decía: «Si no se va la señora Nasca, no me voy».

Al fin las dos borrachas nos fuimos. Nos quedamos en un hotel de cinco estrellas.

Le dije a mi papá Motta que iba a colaborar con los masones y afuera un joven les daba un termo de café y una torta. Cuando no tenía tiempo llamaba a Cinlita, una estudiante de segundo año de medicina. Con la entrada hacia los gastos menores hasta que se terminó el negocio. Llamé a mi papá Motta y le dije que el negocio se había terminado y el viernes me trajo 1000 billetes de lotería, a 10 bolívares cada uno. Le llevé varios talonarios a amigos que tenían negocios y los demás los vendí yo. Hicimos 3700 bolívares y me dio toda la ganancia.

Un día fuimos a Maracay y fui a ver al Doctor Martín Ibarra, pero mi marido no quiso venir. El Doctor vivía en Las Delicias y tenía 90 años. Me dijo que hubiera sido una gran vidente. Pienso que con el tiempo y la experiencia soy más que vidente.

10

MIS HIJOS Y NIETOS

Mi hijo Enzo se inscribió en ingeniería mecánica, pero la universidad estuvo mucho tiempo cerrada y no quería estudiar más. Lo llevé un día al Doctor Orellana y en el pasillo de la Policlínica yo lloraba tanto que las lágrimas llegaban al piso. Entré y le dije llorando que Enzo no quería estudiar. Le dijo que había muchas carreras del futuro y lo convenció de inscribirse en ingeniería informática.

«Me voy a la escuela de ciencias»,

dijo.

En 1992 se graduó *suma con laude* e hizo el discurso en la iglesia San Francisco. Fue el primero y cuando subió a la tarima todos gritaban a una sola voz con la familia.

Fue una fiesta con 120 graduados y todos me felicitaban. Estábamos felices y nos sentimos muy orgullosos como padres.

Yo quería que trabajara con una empresa trasnacional. Sus profesores tenían una empresa y lo invitaron a ir a trabajar por allá. Después de un tiempo, me dijo que no le gustaba. Fue al día siguiente y buscó al profesor para decirle que no iba más. Al tercer día fue y no estaba.

«Dígale que no vengo más».

Se puso a trabajar en la casa de repuestos.

Mi hijo Toni se hizo novio con una muchacha a quien conocía hace 20 años. Se casaron en Caracas, en 1992. Salió embarazada después de 2 meses y quería que anulara las capitulaciones. Lo amenazaron frente a nosotros. Mi hijo les dijo:

«Si no hubiera tenido un negocio, no te hubieras casado conmigo. Es de mis padres. Yo estudié 10 años».

El papá era un romano malo, brujo que los llenó de brujería. Lo fueron a embargar en el banco Corpbanca y la respuesta del banco fue que no tenía nada. Pudimos ver a la hija cuando le salió la patria potestad compartida a Toni. Mi hijo les dijo que quería a su hija, Melani, y tuve que darle estudio, vestido y mantenimiento. La vimos a los 9 años. Se le regaló un reloj y un teléfono y se lo quitaron.

Una señora que era Rosacruz le quitó toda la brujería con una olla pesada. Él ganó el divorcio y si hubiera querido, el Papa les anulaba el matrimonio en la iglesia, pero no tenía ninguna a la vista para casarse. Después se casó en el año 2000 con Carmen Elena. Duraron tres años y medio y luego se divorció. Era una muchacha muy preparada, no quiso tener hijos pero sí quería traer al hijo de la hermana.

Después vivió con Ángela, una hija de italianos y españoles. La hija que tenía era tremenda, les hacía creer que le daría un hijo y se hacía llevar al médico, pero era mentira. Pensó ir a *Miami* para contratar una compañía con tribunal y abogado. Ella me llamó cuando estaba operada de la rodilla. Se divorció trampeada. Le dijo a su papá que iba con el novio a una fiesta y el papá le dijo: «*Vente temprano*». Ella le respondió:

«Cuando tenga llagas en los pies».

El hermano menor se había muerto en un accidente y el papá tenía el hígado grave.

Yo vendí un *townhouse* de lujo por ese niño. Gracias a Dios nació bien, a las 5 de la mañana. Yo estuve año y medio cuidándolo y todavía se acuerda. Tenía 75 años, sufría de tiroides y no podía más. Ya él tiene 8 años, casi es cinta negra y es muy inteligente. Mi marido no tuvo la suerte de ver nietos, pero la vecina tenía una nieta y esa fue la nieta nuestra. Llegábamos cansados y nos poníamos a jugar con Paola.

Mi hijo Enzo se casó a los 41 años. Ella tenía 35 cuando salió embarazada. Hicieron una comida para comunicar que estaba embarazada y a mi marido se le salieron las lágrimas, pero no tuvo la suerte de conocerlo. Lamentablemente mi marido se murió el 8 de octubre de 2008, antes de que el niño naciera.

El fin de año lo pasaron en Acarigua. La madre y el hermano del papá empezaron a decir que en Venezuela había médicos cubanos que mataban a la gente, que eran malos. El hijo salió para Acarigua y no quería regresar. Ella lo llamaba a cada rato y les dijo:

«A los 7 meses te aviso»,

pero nunca le avisó. Viajaba cuatro veces al año por la residencia con buen bolsillo, los mejores hoteles y los mejores restaurantes. Yo les dije que no iba a nacer en Venezuela, que iba a nacer en Estados Unidos. El niño nació el 16 de abril del 2009 a las 4 de la tarde. El segundo, el 9 de diciembre de 2010 a las 4 de la tarde. Ella quería cesárea y la doctora trabajaba hasta el jueves.

Salvatore Jesús tiene 14 años y 6 meses. Enzo José tiene 13 años. El pequeño, Salvatore Antonio, tiene 8 años y nació el 3 de septiembre de 2015. Con los tres nietos soy muy feliz y los tres son muy inteligentes. Enzito quiere estudiar Ingeniería Robótica, Salvatore Jesús no se ha definido y Salvatore Antonio dice que va a trabajar con el papá, aunque a veces dice que quiere ser presidente. El papá le dice que si no estudia, lo manda con los militares.

Yo quedé viuda a los 68 años. Mi marido se murió porque la circulación no le llegaba a la cabeza y no se tomaba la pastilla. Esta es la triste historia, pues la familia cada uno en lo suyo y me la paso sola 8 horas al día. Por la noche me quedo sola, viendo televisión en la biblioteca.

11

ALGUNOS MILAGROS

He recibido varios milagros. Conocí a Monseñor Chuao. Era portugués, que estuvo muchos años en Polonia con el papa Juan Pablo II y tenía 60 años de estudios de psicología. Se vino a Barquisimeto, hizo la iglesia y con el brazo derecho curaba a la gente. La señora Asunción, portuguesa, llegaba antes y se sentaba a su lado. Cuando llegaba yo, me decía Asunción:

«Este puesto es de doña Teresa».

Cuándo cumplió 94 años se le hizo una fiesta. La esposa de Chávez, el dictador, vino con una persona que trabajaba en Promar y le ofrecieron torta. Ella venía diciendo que quería asesoría espiritual. Le dije a Monseñor y se puso bravo. No quiso comer la torta que le habían ofrecido.

Un domingo, yo tenía dolor de espalda fuerte.Le dije con lágrimas en los ojos a mi marido que me llevara al Monseñor. Me dijo que el sobrino lo había venido a buscar. El domingo, fuimos al aeropuerto. Llegamos corriendo y ya no estaba, había entrado. Antes de Navidad lo llamé y me di cuenta de que estaba en un ancianato, le pasé el teléfono a mi marido y se puso contento. En enero se murió.

Por años había ido con mi marido a decir el Rosario. Cuándo empezamos éramos nosotros solos. Después de una semana, no cabíamos en el llano.

Un día íbamos a Maracay a ver a la familia de mi marido. El 23 me la pasé haciendo comida y el 24 nos íbamos. Nos olvidamos de la comida en el pasillo y nos dimos cuenta a 100 km. Llamé al señor Hidalgo para que fuera a buscar la comida y se la comiera. Al regreso mi vecino me dijo que ese fue un milagro porque Hidalgo no estaba trabajando, ni él ni la esposa.

En el 2004, hablé con el Director de Deporte, el Presidente Caldera. El primer viaje fue a Perú. Vio una propaganda de Nasca en una franela (llamada «camiseta» fuera de Venezuela) y me la trajo. Me dijo:

«Un pequeño regalo».

Le dije que para mí es mucho regalo y lo conservo por recuerdo.

Un día llegué al aeropuerto en la madrugada, cansada. Vino un joven como de 25 años y me dijo:

«Acuéstese, está muy cansada».

Le digo que tenía miedo y se quitó los libros del morral, me los puso abajo de la cabeza y el paltó me lo puso encima y se sentó al lado mío. Cuando el avión iba a salir, me dijo:

«El avión va a salir».

Le dije:

«Mi ángel de la guarda, ¿cuándo nos vemos?»

Me respondió que no sabía. Unos muchachos empezaron a decir que en la madrugada salían las ratas. El joven fue a buscar un sillón y una silla y dijo que me cuidaba de las ratas. Me despertó y salí.

Todo esto son milagros qué he recibido. Soy Rotaria internacional, Rotaria de corazón. Por más de 50 años he colaborado con niños y ancianos, recogiendo ropa, comida, juguetes, llevando felicidad a los hogares pobres. Me siento feliz.

Tuve un ropero a 100 km donde recogía ropa para los demás. Iba los sábados de 3 a 7, en un garaje con láminas de zinc, pero después de mucho tiempo me quitaron el local. Aquí en los Estados Unidos lo mismo hago y trabajo con los latinos e indígenas. Los estadounidenses y los puertorriqueños no abren las puertas y no dan nada. Por el terremoto de Turquía envié dos cargas grandes y por el huracán de Orlando envié otra. Ahora siempre recojo y los llevo cerca de la casa, de donde salen camiones todos los días.

12

VISITA MÁS RECIENTE A VENEZUELA

A principios de noviembre, debí viajar por 14 días a Venezuela, pero sólo pude quedarme 8, después de 9 años sin ir. Llegando a Caracas, fui al Hotel Eurobuilding, donde me cobraron US$200 de hospedaje y US$50 la comida. En la mañana fui al aeropuerto y me dijeron que el avión iba a salir, pero faltaba más de 1 hora y media. Una joven me hizo pasar, pero me dijo que el pasaje era para el día siguiente y que no servía. Le dije que hacía otra vez el pasaje y me dijo que no. Me fui al terminal de autobuses La Bandera y compré el pasaje de autobús a US$8. No se sabía si iba a salir. Había una joven que iba a Barquisimeto y le dije que se diera una vuelta a ver si conseguía un carro. Me dijo que había uno al que le faltaban 3 pasajeros y le dije que los pagaba.

Llegamos a Barquisimeto y cuando me dejaron en la casa, vi que había olvidado las llaves. Llamé a un cerrajero, pero no pude esperar porque tenía que hacer una carrera. Llamaron a otros, que abrieron la puerta con un alambre y me cobraron US$450. Cuando llegué, peleé 3 horas con cerrajeros, diciéndoles ladrones, que me habían robado la plata. No me devolvieron nada. El vecino que me había ayudado quedó asombrado. Me sentía más tranquila en mi casa que en el hotel.

Me fui al hotel que antes era 5 estrellas y el vecino me preguntó por qué no me quedaba. Le dije que me sentía más tranquila en el hotel. Me cobraron en efectivo US$40 toda la noche. No tenía ni leche ni manzanilla y hacían un pequeño desayuno. Rebajé 5 kg en pocos días.

Al día siguiente tenía que ir a buscar un documento de mi marido muerto, con el que tenía que traspasar el apartamento al menor de mis nietos. El señor me dijo que le diera US$200 y en menos de media hora tenía el documento. Había muchos ladrones de dólares y él me llevaba abrazada a dónde iba, como si fuera su mamá.

Yo tenía que limpiar el apartamento y Rosita lo limpió. Llenamos 12 bolsas negras que mi hijo me mandó, con carpetas y catálogos. Al vigilante le di US$30. El apartamento lo vacié completo e hice dos montones, uno para Rosita y otro para el chofer. Les di ollas, parrillera, sábanas, toallas, cojines, zapatos, todo lo que había. El señor tiene un niño de 2 años y le di una moto y tres muñecos que eran de mi nieto y me dijo que el niño era feliz con la moto.

Yo viví 4 años alquilada y 6 años en la quinta frente a la escuela de medicina. Había muchachos que no tenían ni pasaje ni comida y me vendían sus libros, que les compraba siempre. Hice una biblioteca de 3,50 por 2,70 metros. Había unos libros en la casa que nunca los había mirado, hasta ese momento que limpié el apartamento. Vi el libro de Francisco de Miranda, que tenía 50 años en la casa y nunca lo había mirado y otros libros más. Cuando llegué vi un libro alternativo para curar. La madre del cardioeléctrico y mi vecina perdían masa. Había seis hojas que hablaban de eso y se las envié a las dos y se curaron. En otro caso de otra persona, no llegó la carta y se murió.

Fui para Caracas y el chofer que me trajo las cosas me cobró US$40. Llevaba todas las fotos, diplomas, libros y todas las insignias de Grado 33 de mi marido. Me quedé sin plata. El señor que me hizo la carrera dio vueltas para conseguir un puesto hasta que lo consiguió, se cobró y me dio US$20. Al fin llegué a Orlando con mucha amargura y me encontré con mi nieto y mi familia.

Con todas las insignias que traje de la masonería, mi nieto de 8 años puso todos esos recuerdos bien organizados por año y con el retrato del Nonno Salvatore

Antonio. Él cree en su Nonno y dice que se parece a él. Ayer le envió cinco globos y los miró hasta que desaparecieran. Ninguno de los otros dos se acuerda y de los nietos solamente Salvatore Antonio habla siempre del Nonno.

13

ACONTECIMIENTOS RECIENTES

Ésta es mi historia. Ahora soy feliz. Tengo salud y tengo 84 años. Tengo un cardiólogo cirujano que me quiere y le voy a entregar mi cuerpo cuando me muera. El corazón lo tiene que trasplantar. Tengo de cardioeléctrico a un joven ítalovenezolano qué me puso un *bypass*. Yo le digo «mi gordito», mide más de 2 metros de alto y es gordo. Tiene una familia muy bonita: su papá, su mamá y dos hijas, una que estudia medicina y otra de 14 años, aparte de un niño de 4 años. Tengo un inmunólogo que me quiere y me trata bien. La niña del cardiólogo no la conozco, pero la quiero como a Paola. Ella tiene 17 años y está estudiando derecho.

No puedo ir a *Miami* a entregar este libro, pues tuve un problema con el alquiler de los salones. Pagué US$51 de impuestos de contado. Ellos tenían que pagar y me dijeron que fuera al abogado. Ayer fui y el contrato nunca tuvo validez, porque alquilaron por la iglesia y pusieron 200 niños con aviso y todo. Ha pagado US$95.000 y si se quiere quedar, tiene que pagar US$40.000. Por la cobardía que tiene, he cerrado mi vida con este último acontecimiento.

Que Dios me proteja. Hice dos rosarios al beato José Gregorio Hernández para curar al señor David Bello Trinidad, un joven de 30 años. Iba a pagar los impuestos, me miraba y me dijo:

«La estaba mirando de la tranquilidad y la bondad que tiene usted».

Yo agarré al policía, me lo puse de brazo y le dije:

«Impuestos. No hablo inglés»,

y una señora enseguida me pagó el impuesto.

Hasta una guerra se pagó con la bondad y tranquilidad.

ACERCA DE AUTORA
Y SUS OTRAS OBRAS

Teresa Di Sclafani De Nasca nació en Italia. También ha vivido en Venezuela y en los Estados Unidos.

Antes de haber publicado este diario, había publicado *El mundo según Teresa Di Sclafani,* con sus tres versiones:

- Audiolibro
- Libro electrónico
- Libro impreso

Para más información sobre estas versiones de *El mundo según Teresa Di Sclafani,* visite ElmundosegúnTeresa.com.

Éste está en inglés en The world according to Teresa Di Sclafani en TheworldaccordingtoTeresa.com y en italiano como *Il mondo secondo Teresa Di Sclafani* en IlmondosecondoTeresa.com.

www.ingramcontent.com/pod-product-compliance
Lightning Source LLC
Chambersburg PA
CBHW051647120626
46551CB00015B/2256